BEI GRIN MACHT SICH IHR WISSEN BEZAHLT

- Wir veröffentlichen Ihre Hausarbeit, Bachelor- und Masterarbeit

- Ihr eigenes eBook und Buch - weltweit in allen wichtigen Shops

- Verdienen Sie an jedem Verkauf

Jetzt bei www.GRIN.com hochladen und kostenlos publizieren

Bibliografische Information der Deutschen Nationalbibliothek:

Die Deutsche Bibliothek verzeichnet diese Publikation in der Deutschen Nationalbibliografie; detaillierte bibliografische Daten sind im Internet über http://dnb.d-nb.de/ abrufbar.

Dieses Werk sowie alle darin enthaltenen einzelnen Beiträge und Abbildungen sind urheberrechtlich geschützt. Jede Verwertung, die nicht ausdrücklich vom Urheberrechtsschutz zugelassen ist, bedarf der vorherigen Zustimmung des Verlages. Das gilt insbesondere für Vervielfältigungen, Bearbeitungen, Übersetzungen, Mikroverfilmungen, Auswertungen durch Datenbanken und für die Einspeicherung und Verarbeitung in elektronische Systeme. Alle Rechte, auch die des auszugsweisen Nachdrucks, der fotomechanischen Wiedergabe (einschließlich Mikrokopie) sowie der Auswertung durch Datenbanken oder ähnliche Einrichtungen, vorbehalten.

Impressum:

Copyright © 2018 GRIN Verlag
Druck und Bindung: Books on Demand GmbH, Norderstedt Germany
ISBN: 9783668846432

Dieses Buch bei GRIN:

https://www.grin.com/document/446817

Lisa Sachse

Risiken und Chancen der Neueinführung von Wissensmanagement-Software für ein Unternehmen

Eine theoretische Analyse

GRIN Verlag

GRIN - Your knowledge has value

Der GRIN Verlag publiziert seit 1998 wissenschaftliche Arbeiten von Studenten, Hochschullehrern und anderen Akademikern als eBook und gedrucktes Buch. Die Verlagswebsite www.grin.com ist die ideale Plattform zur Veröffentlichung von Hausarbeiten, Abschlussarbeiten, wissenschaftlichen Aufsätzen, Dissertationen und Fachbüchern.

Besuchen Sie uns im Internet:

http://www.grin.com/

http://www.facebook.com/grincom

http://www.twitter.com/grin_com

Softwareeinführung einer Wissensmanagement-Software

Inhaltsverzeichnis

1. Einleitung	2
2. Grundlagen	3
2.1 Softwareeinführung	3
2.2 Wissensmanagement	3
2.3 Unternehmensmodellierung	4
3. Modellierung, Funktionen und Qualität	5
3.1 Modellierung Prozess	5
3.2 Modellierung Daten	6
3.3 Funktionen der Software	8
3.4 Qualitätsanforderungen	8
4. Fünf Schritte und Gefahren der Softwareeinführung	9
5. Fazit	11
Literaturquellen	13

1. Einleitung

Die Einführung einer neuen Software stellt schnell eine erhebliche Herausforderung in einem Unternehmen dar. Die Mitarbeiter werden aus ihren Routinen gerissen und müssen sich an neue Abläufe gewöhnen. Die Einführung einer *Wissensmanagement*-Software fordert Mitarbeiter noch dazu auf, ihr Wissen, was sie sich vielleicht über Jahre und Jahrzehnte mühsam erarbeitet haben, mit anderen zu teilen und sich so ersetzbarer zu machen. Außerdem "verschwenden" sie wertvolle Zeit, die Daten einzugeben, obwohl es doch bis jetzt "auch so ging".

Es ist also ein gutes Projektmanagement gefordert, um das Verständnis aller Beteiligten zu erhalten - denn, gerade bei einer Wissensmanagement-Software ist es wichtig, dass alle mitziehen und das nicht nur, weil sie es müssen, sondern auch weil sie einen höheren Wert darin sehen, sich an dem Projekt zu beteiligen.

Darum soll es in diesem Assignment gehen - **wie kann eine Wissensmanagement-Software erfolgreich eingeführt werden?**

Dabei betrachten wir beispielhaft ein imaginäres Maschinenbau-Unternehmen, das das technische Wissen seiner Ingenieure in einer Wissensmanagement-Software erfassen möchte. Nachdem wir einige Grundlagen zur Softwareeinführung, zum Wissensmanagement und zur Unternehmensmodellierung geklärt haben, werden wir zunächst die zu unterstützenden Prozesse und Daten modellieren, um daraus anschließend die Funktionen und Qualitätskriterien der Software zu identifizieren.
Im Anschluss betrachten wir die fünf Schritte und Gefahren der Softwareeinführung und untersuchen, wie ein solches Vorhaben erfolgreich umgesetzt werden kann. Abschließend werden wir die wichtigsten Erfolgsfaktoren ableiten und ergründen, wie alle Beteiligten zum erfolgreichen Abschluss des Projektes beitragen können.

2. Grundlagen

In diesem Kapitel betrachten wir kurz die Softwareeinführung, das Wissensmanagement und die Unternehmensmodellierung.

2.1 Softwareeinführung

Man unterscheidet drei große Kategorien an Software, für die sich unser imaginäres Maschinenbau-Unternehmen, je nach Verfügbarkeit, Qualität und Kosten entscheiden könnte: Individualsoftware (speziell für das Unternehmen[1]), Standardsoftware (gekauft oder gemietet[2]) oder Branchensoftware, hier der Industriebranche.[3]
Software wird meist in Projekten mit verschiedenen Phasen[4] eingeführt[5]. Besonders beim Wissensmanagement sollte zur Komplexitätsreduzierung unbedingt schrittweise vorgegangen werden.[6]

2.2 Wissensmanagement

Der Weg von *Bits* zu *Zeichen* zu *Daten* zu *Informationen* ist recht klar, aber von Information zu *Wissen* geht es nur durch menschliche Denkprozesse, die die Informationen erweitern, umstrukturieren und verändern.[7]
Wissensmanagement ist somit die höchste Entwicklungsstufe des Informationsmanagements.[8] Es geht darum, "Wissen als eine explizite Unternehmensressource zu betrachten, zu vermehren und erfolgreich einzusetzen".[9]

Man kann ganz unterschiedliche Arten von Wissen unterscheiden. Bei der Einführung unserer Wissensmanagement-Software ist es wichtig, zu wissen, um welche Art von Wissen, was wir von unseren Ingenieuren sammeln möchten es sich handelt, um zu entscheiden, wonach wir eigentlich suchen. Man unterscheidet Sachwissen und

---

[1] vgl. WIN104, 38
[2] vgl. IMG102, 23
[3] vgl. WIN104, 39
[4] vgl. IMG102, 14
[5] vgl. IMG102, 31
[6] vgl. IMG102, 70
[7] vgl. IMG102, 63
[8] vgl. IMG102, 62
[9] WIN101, 92

Handlungswissen, Implizites und Explizites Wissen, Individuelles und Organisatorisches Wissen sowie Internes und Externes Wissen.[10]

Der Prozess des Wissensmanagements in einem Unternehmen lässt sich, in Anlehnung an Probst et al.[11] wie folgt darstellen:

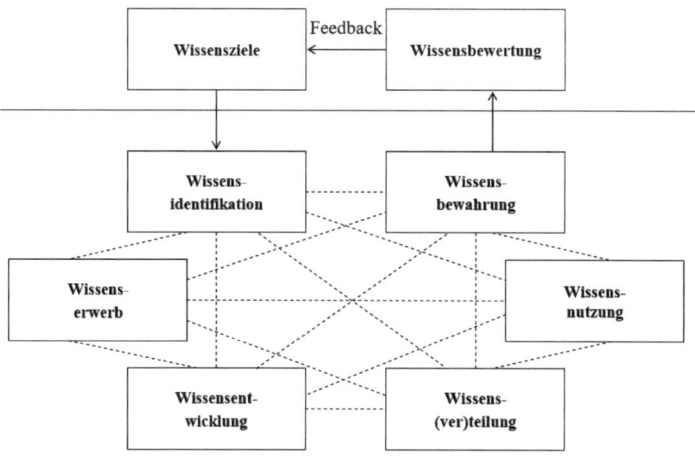

Abbildung 1: Die Elemente des Wissensmanagements[12]

2.3 Unternehmensmodellierung

Man unterscheidet hier: Daten- (Daten die im Unternehmen entstehen), Prozess- (Abläufe im Unternehmen) und Organisationsmodellierung (Organisationsstruktur des Unternehmens).[13]

Die zwei Ziele der Unternehmensmodellierung sind die Komplexitätsreduzierung und die Abstraktion (Unnötiges ausblenden).[14] Beides wird mit zunehmender Größe des zu modellierenden Unternehmens immer bedeutsamer.

Es gibt unterschiedliche Ansätze zur Unternehmensmodellierung, hier verwenden wir die Ereignisgesteuerten Prozessketten und das Entity-Relationship-Modell.

---
[10] vgl. WIN101, 92
[11] vgl. (2003), 32
[12] vgl. (2003), 32
[13] vgl. WIN101, 96
[14] vgl. WIN101, 96

3. Modellierung, Funktionen und Qualität

In diesem Kapitel betrachten wir die zu erfassenden Prozesse und Daten, sowie die Funktionen und Qualitätskriterien der Software.

3.1 Modellierung Prozess

Angelehnt an die Elemente des Wissensmanagements aus dem vorherigen Kapitel werden wir beim Wissensmanagement in unserem Unternehmen vorgehen. Die Prozessmodellierung erfolgt hier mittels sogenannten Ereignisgesteuerten Prozessketten (EPKs). Dabei können wir zwei Prozesse unterscheiden, die unterstützt werden sollen: den Prozess der Einführung einer solchen Software, bestehend aus der Klärung der technischen Rahmenbedingungen der Software und dem eigentlichen Erfassen der Wissens (Prozess A) sowie der Prozess des Instandhaltung der Software, der regelmäßigen Aktualisierung des Wissens (Prozess B).

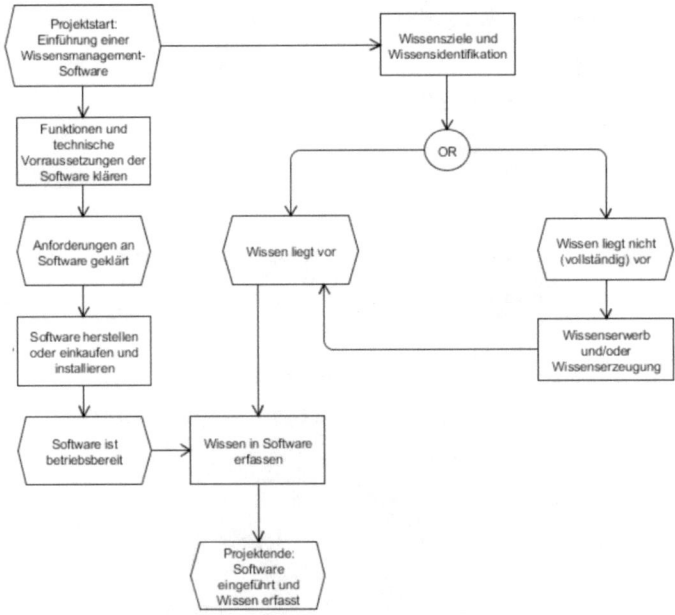

Abbildung 2: Prozess A - Einführung der Wissensmanagement-Software[15]

---

[15] eigene Abbildung, erstellt mit: http://www.bicdesign-free.com/webedition/

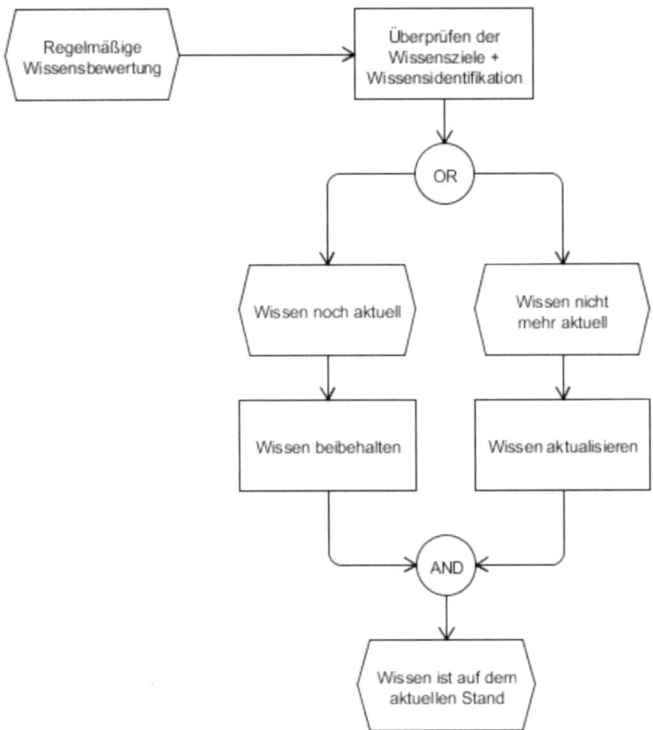

Abbildung 3: Prozess B - Instandhaltung des Wissens[16]

---

[16] eigene Abbildung, erstellt mit: http://www.bicdesign-free.com/webedition/

3.2 Modellierung Daten

Hier folgt nun eine Modellierung der Daten mittels Entity-Relationship-Modell (ERM). Zu erfassen sind drei große Kategorien: das Wissen über die Maschinen, die die Ingenieure täglich einsetzen, das technische Wissen über die Produkte (andere Maschinen, da es sich um ein Maschinenbauunternehmen handelt) und wie diese erzeugt werden und das Wissen über die Materialien, die für die Herstellung der Produkte benötigt werden.

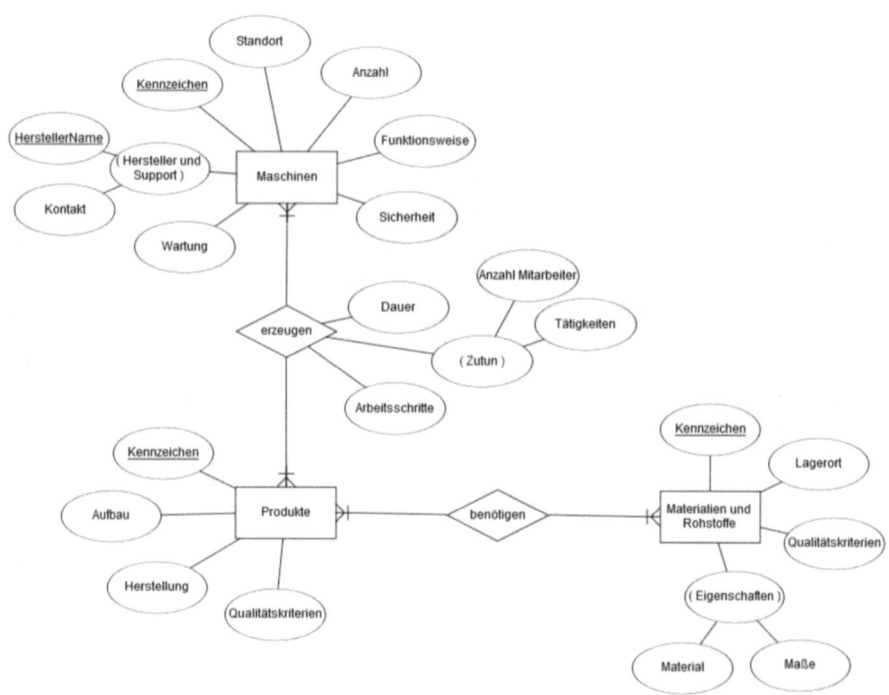

Abbildung 4: Zu erfassende Daten[17]

---

[17] eigene Abbildung, erzeugt mit: https://erdplus.com/#/standalone

3.3 Funktionen der Software

Aus diesen Informationen lassen sich folgende wichtige Funktionen ableiten, die die Software besitzen sollte:
- schnelles, komfortables Eingeben und Aktualisieren der Informationen
- klare Struktur zum schnellen Finden bestimmter Informationen
- komfortabler Zugang für alle Berechtigten, kein Zugang für Unberechtigte (z.B. mittels Login), da es sich um sehr sensible Daten handeln kann

3.4 Qualitätsanforderungen

Die fünf Qualitätskriterien von Software allgemein werden in der folgenden Grafik zusammengefasst:

Funktionalität	Zuverlässigkeit	Benutzerfreundlichkeit	Effizienz	Änderbarkeit	Übertragbarkeit
Funktionsumfang erfüllt die Anforderungen der Benutzer	hohe Ausfallsicherheit, Fehlerfreiheit	angemessen, einfach, klar, flexibel, auskunftsbereit, verlässlich	kurzes Antwortzeitverhalten, niedriger Ressourcenverbrauch	übersichtliche, klare Struktur, leicht zu warten	Offenheit, Portabilität

Abbildung 5: Qualitätskriterien von Software[18]

Dies sind auch die wichtigsten Qualitätskriterien unserer Software:
- Funktionalität - die Software erlaubt es, das technische Wissen der Ingenieure zu erfassen und zu nutzen
- Zuverlässigkeit - die Software lässt sich zuverlässig nutzen, stürzt nicht ab etc.
- Benutzerfreundlichkeit - die Software ist auf das Vokabular und den Erfahrungsschatz der Ingenieure zugeschnitten
- Effizienz - die Software ist sparsam im Ressourcenverbrauch, sodass sie, zum Beispiel neben anderen Programmen flüssig auf einem Rechner läuft
- Änderbarkeit - die Software kann später noch angepasst und geändert werden, wenn zum Beispiel das Wissen anderer Bereiche, wie der Konstruktion oder dem Vertrieb mit erfasst werden soll
- Übertragbarkeit - die Software läuft auf allen Rechnern zum Beispiel unter Linux, Windows und macOS, ggf. auch auf Tablets

---
[18] WIN104, 109

4. Fünf Schritte und Gefahren der Softwareeinführung

Die fünf Schritte und Gefahren sind aus Erfahrung gewonnene Faustregeln[19] zur Softwareeinführung - hier sind sie angewandt auf das Vorhaben unseres Unternehmens:[20]

1. **Problem und Vision**: Am Anfang steht ein Problem, das gelöst werden soll. In unserem Beispiel könnte es sein, dass das Wissen zu unorganisiert und auf die Ingenieure verteilt war. Neue Ingenieure hatten es schwer, sich unter den ungeschriebenen Gesetzen der älteren Mitarbeiter zurecht zu finden und der Ausfall eines erfahrenen Ingenieurs war problematisch, weil plötzlich die eine Person, die sich mit einem konkreten Arbeitsschritt auskannte, nicht mehr zur Verfügung stand. Daraus entstand die Vision des (Top-)Managements, eine mittel- oder langfristige Zielstellung, das technische Wissen der Ingenieure an einer zentralen Stelle zu sammeln, zu speichern und verfügbar zu machen. Eine Wissensmanagement-Software erschien hier sinnvoll.

2. **Konfusion und Qualifikation**: Dann verbreitete sich das Gerücht der Einführung einer Wissensmanagement-Software und es herrschte Konfusion, weil die Mitarbeiter nicht informiert und die Details noch nicht geklärt waren. Die Mitarbeiter fühlten sich unsicher und bedroht. Es musste eine Qualifikation der Mitarbeiter erfolgen - sie mussten über das Vorhaben, die Ziele und Gründe des Projekts, offiziell und umfangreich informiert werden. Es könnte zum Beispiel ein Meeting gehalten werden, in dem eine zentrale Führungskraft das Projekt vorstellt. Komplementär könnten alle betroffenen Mitarbeiter eine E-Mail mit sämtlichen wichtigen Informationen erhalten. Außerdem könnte ein Ansprechpartner festgelegt werden, an den sich die Mitarbeiter mit Fragen wenden können.

3. **Konfrontation und Methodik**: Um mögliche Konfrontationen zu vermeiden, musste als nächstes gemeinsam geklärt werden, wie vorgegangen werden sollte. Es wurde ein Projektteam, bestehend aus erfahrenen Ingenieuren und Managern, gegründet,

---

[19] vgl. IMG102, 24f.
[20] vgl. IMG102, 24

das das Projekt zum erfolgreichen Abschluss bringen soll. Basieren auf Faustregeln und Erfahrungen zur Einführung von Software und zur Durchführung von Projekten generell, wurde zum Beispiel ein Zeitplan erstellt, Prozesse und Daten wurden modelliert und Funktionen und Qualitätskriterien der Software (siehe letztes Kapitel) wurden festgelegt. Das Projekt ist durchgeplant und in vollem Gange.

4. **Frustration und Ressourcen**: Es kann schnell Frustration unter den Mitarbeitern und Beteiligten entstehen, wenn sie sich in der Durchführung des Projektes durch einen Mangel an Ressourcen eingeschränkt fühlen. Die Verfügbarkeit aller notwendigen Ressourcen wie Personal, Sach- und Finanzmittel sollten daher schon zu Projektbeginn für die gesamte Laufzeit des Projekts sichergestellt werden. Das heißt zum Beispiel, dass die Mitglieder des Projektteams ggf. für die Laufzeit des Projektes von allen anderen Aufgaben befreit sind, dass die Ingenieure die Zeit und Freiheit haben, die sich brauchen, um ihr Wissen in der Software festzuhalten und dass das Budget für den Erwerb der eigentlichen Software ausreichend ist, um ein qualitativ hochwertiges Produkt zu erwerben.

5. **Demotivation und Incentives**: Die Einführung neuer Software ist anstrengend und eine zusätzliche Belastung für alle Beteiligten. Es sollte daher über Incentives nachgedacht werden, damit die Mitarbeiter bis zum Schluss motiviert bleiben. Zum Beispiel könnte deutlich gemacht werden, welch einen Nutzen die Software für die Mitarbeiter haben wird. Ein kleines Piloten-Programm könne dies deutlich machen. Auch "greifbarere" Incentives sind denkbar. Zum Beispiel könnten die Mitarbeiter, die am meisten zum Erfolg des Projektes beitragen am Ende einen Bonus bekommen. Die Führungskräfte und Manager müssen also immer ein offenes Ohr für die Sorgen und Belange der Mitarbeiter haben, um die passenden Anreize bieten zu können und Demotivation vorzubeugen.

5. Fazit

Das Vorhaben, in einem Unternehmen eine Software einzuführen, besonders, wenn es sich um eine Wissensmanagement-Software handelt, sollte nicht unterschätzt werden. Es kann sich über viele Monate hinziehen, eine Menge Zeit und Geld in Anspruch nehmen und zu erheblichen Groll unter den Mitarbeitern führen.

Im letzten Kapitel, über die fünf Schritte und Gefahren bei der Einführung von Software, sind einige zentrale Faktoren, die zum Erfolg des Projektes beitragen schon deutlich geworden. Hier sollen sie nun noch einmal zusammengefasst und konzentriert werden.

Bei der Einführung von Standardsoftware kennt man folgende "Brennpunkte":[21] Projekte (gute Projektplanung etc.), DV-Systeme (Qualität der Altdaten etc.), Menschen (Zustimmung zum Projekt etc.), Ressourcen (genügend Geld und Zeit etc.).
Zentrale Erfolgsfaktoren bei Einführung von Wissensmanagement im Unternehmen sind:[22] eine klare Zielsetzung formulieren und kommunizieren, das Topmanagement einbinden und geeignete Organisationsstrukturen schaffen, sowie ein konstruktiver Umgang mit kulturellen und persönlichen Widerständen der betroffenen Mitarbeiter.

Letzteres ist vermutlich der wichtigste Punkt - das Projekt steht oder fällt mit der Beteiligung der Mitarbeiter. Das Management ist letztendlich darauf angewiesen, dass die Ingenieure bereit sind, ihr technisches Wissen vollständig, fehlerfrei und verständlich zu erfassen und stets auf dem neusten Stand zu halten. Es muss deutlich gemacht werden, dass sich die Mitarbeiter so nicht selbst redundant machen und auf eine andere Art, als nur durch das nun geteilte Wissen für das Unternehmen wertvoll sind. Sie müssen erkennen, warum das Vorhaben auch ihnen selbst nutzt, sei es durch das Lösen von konkreten Problemen, die sie auch selbst wahrgenommen haben oder durch das Schaffen von Incentives.

---

[21] vgl. IMG102, 24
[22] vgl. IMG102, 72

Ein zweiter wichtiger Erfolgsfaktor ist die Bereitstellung der nötigen Ressourcen - sowohl für die Beschaffung einer soliden Software als auch für die Schaffung von genügend Freiraum für die Ingenieure für ihre Beteiligung am Projekt. Gegebenenfalls müssen Zeitarbeiter eingestellt oder die Arbeitslast anderweitig reduziert werden, um die erfahrenen Ingenieure zu entlasten.

Ein dritter zentraler Erfolgsfaktor ist die gute Projektplanung. Es muss strukturiert und zielorientiert vorgegangen werden, sonst führt das Vorhaben wohl kaum zu Erfolg. Das Kapitel 3 bietet hier wichtige Ansätze. Der Prozess und vor allem die zu erfassenden Daten und die erforderlichen Funktionen der Software müssen klar sein, bevor eine Kaufentscheidung getroffen werden kann. Auch müssen die Ingenieure durch gute Planung und Kommunikation den Eindruck bekommen, dass das Vorhaben ernst genommen wird. Warum sollten sie es sonst tun?

Alles in allem ist dieser Beleg aufgrund seines geringen Umfangs nur ein kleiner Einblick in das komplexe Thema der Einführung einer Software, stellt aber schon einige zentrale Erfolgskriterien für ein solches Vorhaben vor. Natürlich könnte das Thema noch beliebig erweitert werden. Zum Beispiel stellt sich die Frage, wie sichergestellt wird, dass das in der Software hinterlegte Wissen auch genutzt wird. Ist die Notwendigkeit dazu so akut, dass dies automatisch geschehen wird? Oder soll die Datenbank nur als eine Art Back-Up, zum Beispiel für den Fall, dass ein zentraler Mitarbeiter langfristig ausfällt, oder Referenz, zum Beispiel für neue Mitarbeiter dienen? Auch die Modellierung der Prozesse und Daten ist recht einfach und oberflächlich gehalten, aber eine detailliertere Beschreibung hätte hier den Rahmen gesprengt.

Und zum Abschluss: bei aller Anstrengung, Wissen zu erfassen und greifbar zu machen, sollte immer eins klar sein:

Was wir wissen, ist ein Tropfen; was wir nicht wissen, ein Ozean.
- *Isaac Newton*

Literaturquellen

IMG102 - Szabo, Dr. Oliver: IV-Projektmanagement und IV-Controlling, AKAD Bildungsgesellschaft mbH Stuttgart 2017 erhalten

WIN101 - Staud, Prof. Dr. Josef L.: Wirtschaftsinformatik - eine Übersicht, AKAD Bildungsgesellschaft mbH Stuttgart 2017 erhalten

WIN104 - Staud, Prof. Dr. Josef L. und Kuptz, Matthias: Software, AKAD Bildungsgesellschaft mbH Stuttgart 2017 erhalten

Probst, Gilbert/Raub, Stefan/Romhardt, Kai (2003): Wissen managen. Wie Unternehmen ihre wertvollste Ressource optimal nutzen, 4. überarbeitete Aufl., Wiesbaden 2003

Abbildung Deckblatt:
http://www.erfolg-und-business.de/bildung-karriere/bildung/nicht-weiterbildung-managen-sondern-mitarbeiter-und-wissen-vernetzen (20.01.2018)

Erstellung EPKs: http://www.bicdesign-free.com/webedition/

Erstllung ERM: https://erdplus.com/#/standalone

BEI GRIN MACHT SICH IHR WISSEN BEZAHLT

- Wir veröffentlichen Ihre Hausarbeit, Bachelor- und Masterarbeit

- Ihr eigenes eBook und Buch - weltweit in allen wichtigen Shops

- Verdienen Sie an jedem Verkauf

Jetzt bei www.GRIN.com hochladen und kostenlos publizieren